AF389882

LES
SYMPATHIES.

De l'Imprimerie d'ABEL LANOE,
rue de la Harpe n° 78.

N.º 4.

LES SYMPATHIES,

OU

L'ART DE JUGER,

PAR LES TRAITS DU VISAGE,

Des Convenances en Amour et en Amitié.

PAR Mme DE G******

Avec 32 Planches, représentant des Figures.

mmmmmm

PARIS,

Chez SAINTIN, Libraire de S. M. l'Impératrice,
Rue du Foin-St.-Jacques, N.º 11.

1813.

LETTRE

QUI PEUT SERVIR DE PRÉFACE.

Armincourt, ce 11 Juin 1813.

Qu'allez-vous penser de moi, ma chère Aglaé; je publie un livre, et quel livre encore! Je vois d'ici, mon amie, votre front s'obscurcir et vos regards exprimer le mécontentement en lisant son titre. Vous me blâmez d'entrer dans la carrière si orageuse des lettres, et surtout de débuter par un tel ouvrage, et vous pensez que j'aurais mieux fait de me borner à surveiller les soins du ménage, à cultiver

mon petit parterre , en un mot, à m'occuper des travaux réservés à mon sexe.

Je ne chercherai point à combattre le
premier de vos reproches. Cette cause a
déjà été plaidée avec un succès égal de part
et d'autre devant des arbitres à-la-fois juges
et parties, et le procès est tellement em-
brouillé que tout le monde a raison.

J'aime mieux passer à la seconde partie
de vos remontrances relative au genre d'ouvrage que j'ai entrepris. Vous pensez, ma
bonne amie, que j'aurais plutôt dû em-
ployer mes loisirs à écrire un roman bien
sentimental et dont le dénouement bien
triste vous eût fait répandre pendant huit
jours de douces larmes, ou bien à chanter,
dans un modesté poëme, les charmes des
campagnes que j'habite. Il vous semble

qu'un ouvrage tel que celui que je vous envoie, est également incompatible avec le genre de talent et avec les connaissances ordinaires à mon sexe.

Vous êtes dans l'erreur, Aglaé ; ignorez-vous que les femmes sont douées d'une finesse de tact qui les rend particulièrement propres à juger les hommes sur leur physionomie. Elles raisonnent peu, il est vrai, mais elles sentent ; et, en fait de connaissances physionomiques, le sentiment est un guide aussi sûr que tous ces profonds raisonnemens, par lesquels on prétend expliquer ce que l'on ne sait pas même définir. Rendez plus de justice au sexe dont vous faites partie, et laissez-lui parmi ses attributions la primauté dans l'art de juger les hommes sur les traits du visage. Je conviendrai cependant que les jugemens des femmes sont moins sûrs lorsqu'ils concernent des personnes de leur sexe.

Ce tact doit être perfectionné par l'habitude de juger les physionomies. Vous savez que j'ai eu de fréquentes occasions de le mettre en pratique. La nombreuse société qui se réunit à Armincourt m'en a donné les moyens. Vous ne pouvez avoir oublié les momens si agréables que nous passâmes ensemble, et pendant lesquels nous nous amusions à assigner aux physionomies de nos hôtes les caractères qui leur convenaient.

Les leçons que mon époux se plaisait à me donner sur cette science m'en inspirèrent de bonne heure le goût. Vous n'ignorez pas qu'il y excellait tellement qu'une dissimulation profonde, un front d'airain ne dérobaient point à son regard scrutateur la corruption d'un cœur pervers ; et un coup-d'œil lui suffisait pour sonder les plus secrets replis de l'âme.

Savez-vous, ma chère Aglaé, ce qui m'a engagé à traiter des sympathies : ce furent les réflexions que m'inspira le sort d'une femme aimable à laquelle je suis extrêmement attachée. Vous connaissez madame D****; son âme est élevée, son cœur généreux. Elle se plaît à répandre des bienfaits et à sécher les larmes des malheureux. Monsieur D****, au contraire, est avare et parcimonieux ; l'intérêt est le seul mobile de ses actions. Cependant il n'est point méchant, et je suis persuadée qu'il aimerait à faire du bien, s'il pouvait le faire sans qu'il lui en coûtât quelque chose. Dans les premiers jours de leur union, ces deux époux, qui se convenaient sous tous les autres rapports, paraissaient s'aimer avec une vive tendresse, mais madame D**** ne tarda pas à s'apercevoir du défaut de son mari, et monsieur D**** ne vit bientôt plus dans sa compagne qu'une femme prodigue et dissipatrice, dont les largesses déplacées allaient anéantir sa fortune. Depuis ce tems, le trouble et la mésintelligence règnent entre ces deux époux, Convenez actuellement, ma chère Aglaé, que si madame D**** eût lu mon petit livre avant de s'engager dans les liens du mariage, elle eût peut-être fait quelques réflexions qui l'eussent empêchée de lier son sort à celui d'un avare. Elle se fût

épargné bien des larmes, et monsieur D***
eût peut-être trouvé le bonheur avec une
femme aussi parcimonieuse que lui.

Il faut cependant, Aglaé, que je vous
fasse un aveu : certaines parties de cet ouvrage vous sembleront un peu trop graves
et un peu trop raisonnables pour être de
moi. A dieu ne plaise que je me fasse
honneur d'un bien qui n'est pas à moi.
Quelques fragmens physionomiques, trou-
vés dans les papiers de feu mon époux,
m'ont fourni ces passages. Vous convien-
drez que j'ai su les coudre avec assez d'a-
dresse à l'étoffe qui m'appartient.

A propos, en examinant les gravures,
vous reconnaîtrez quelques personnes de
notre société dont j'ai saisi les traits à la
dérobée. Plusieurs d'entre elles ne se re-

connaîtront point, parce qu'elles se croient meilleures et plus jolies qu'elles ne le sont en effet. Quelques unes trop modestes, pour croire que c'est d'elles qu'on a voulu parler, ne se reconnaîtront pas davantage.

Les autres têtes ont été faites d'après diverses gravures.

Ne vous fâchez pas, Aglaé, mais vous y reconnaîtrez aussi vos traits, et en lisant le texte, vous saurez ce que votre modestie vous a toujours empêché d'entendre. Puissiez-vous regarder cet éloge mérité comme l'expression des sentimens de votre amie. Peut-être reconnaîtrez - vous aussi certaine tête d'homme, placée en regard.... Qu'allais-je dire ? Je m'arrête ici crainte d'être indiscrète.

LES SYMPATHIES.

ON a beaucoup parlé des sympathies, c'est-à-dire, de ce sentiment qui nous porte à aimer tel être plutôt qu'un autre, à participer à ses peines, à ses souffrances. Plusieurs graves auteurs ont supposé qu'il était fondé sur les attractions du magnétisme animal. Sans vouloir ici émettre mon opinion sur Mesmer et sur M. Faria (1), je déclare que je ne re-

(1) M. Faria, ecclésiastique de Goa, qui, précédé par la renommée, arrivera incessamment à Paris, surpassera, dit-on, son prédécesseur. Non seulement il communiquera à une personne, en la magnétisant, le don merveilleux de lire dans un

connais de sympathies, que celles qui sont établies sur les convenances réciproques des caractères.

Ces convenances, dont nous examinerons plus tard la nature, sont bâsées sur les qualités de l'esprit et du cœur.

Puisque c'est par l'art du physionomiste qu'on peut apprendre à reconnaître les facultés intellectuelles d'un individu et apprécier ses qualités morales, cet art est donc nécessaire à celui qui veut approfondir la connaissance des sympathies, les analyser, étudier leurs phénomènes.

---

livre les yeux bandés, mais il lui procurera même la faculté d'apercevoir, dans l'intérieur du corps humain les lésions des organes. Gare à nos médecins, si les élèves de M. Faria s'avisent de vouloir professer la médecine!

(15)

Développons ici ce que nous entendons par l'art du physionomiste (1).

On sait que cet art consiste à déterminer le caractère moral d'un individu d'après les indices extérieurs, et particulièrement d'après sa physionomie.

On doit diviser en deux classes les caractères physionomiques que présente la tête de l'homme.

La première comprend tous les caractères tirés de la forme primitive des traits ; c'est ce qu'on peut appeler *caractères de structure*. Elle est divisée en deux ordres ou sub-

______

(1) Qu'on me pardonne ici ces détails un peu scientifiques, mais absolument nécessaires pour l'intelligence de la science physionomique dont ils développent les bases.

divisions : le premier est composé des caractères tirés des formes osseuses. Ces formes,
lorsqu'elles ont acquis leur parfait développement, offrent des caractères très-sûrs et
à l'aide desquels on peut, par exemple, juger de l'étendue de l'esprit, de la rectitude
du jugement, du degré de mémoire. L'autre renferme les caractères tirés de la forme
et de la consistance des muscles, de la cou-
leur de la peau qui les recouvre, de celle
des cheveux ; en un mot, les traits *distinc-
tifs du tempérament*.

La seconde classe comprend les altérations
et les modifications des traits, c'est-à-dire,
les caractères tirés de l'expression : on peut
aussi la diviser en deux ordres.

Les altérations passagères et momentanées

dans les muscles du visage, produites par les passions, appartiennent au premier. Il n'est personne qui ne soit à même de les apprécier, et qui ne reconnaisse parfaitement l'expression de la joie, de la tristesse, de la jalousie, de la colère. Le second ordre renferme les altérations persistantes, produites par l'habitude d'une passion. On connaît les traits qui caractérisent la colère; l'homme colérique les acquiert à la longue. Les rides qui couvrent son front lorsqu'il se livre aux accès de sa passion, deviendront persistantes. Son teint finira par rester habituellement d'un rouge ardent; ses veines gonflées de sang dans sa colère, acquerront une saillie remarquable. Le visage de l'homme porté à la joie par la nature

de son tempérament et la pente de son esprit, offrira l'empreinte habituelle de la
gaîté ; tandis que celui du méchant sera
constamment couvert du sombre voile qui
cache ses pensées ténébreuses.

C'est ainsi qu'à l'aide de ses passions,
l'homme se crée une physionomie.

On doit réduire à un très-petit nombre
les caractères tirés de la structure, et on
peut les soumettre à des règles certaines.

Il n'en sera pas de même des caractères
d'expression ; leur nombre est immense,
et on ne doit les assujétir à aucune règle.
Une espèce de tact, dont tous les hommes
sont doués à un degré plus ou moins émi-
nent, les guidera plus sûrement que les
règles. Ces caractères offrent des nuances

si fugitives et si compliquées , qu'il est presque impossible de les analyser. Cependant quelque délicates qu'elles soient, elles n'échappent point au sentiment qui les saisit et les apprécie presque à notre insu. Le sexe chez qui le sentiment remplace les froids raisonnemens de la science, ne se trompera jamais sur leur expression : moins heureux peut-être dans la connaissance des caractères de structure , il réussira plus rarement dans cette étude qui appartient à la science , fruit de l'expérience et de la réflexion.

Il est remarquable que les caractères de structure appartiennent plus particulièrement à l'expression des qualités primitives et innées de l'esprit.

Tandis que les modifications des traits se rattachent davantage à celle des qualités du cœur et à la pente de l'esprit.

Bornons ici ce coup-d'œil sur la science physionomique à laquelle nous aurons d'ailleurs souvent occasion de revenir, et occupons-nous de quelques considérations générales sur les sympathies.

Qu'est-ce que la sympathie ? De quelle nature est ce mouvement qui nous porte à aimer un autre être ? Sur quoi est-il fondé ? Telles sont les questions qui se présentent à l'esprit.

Si on analise les qualités morales d'une personne vers laquelle on se sent entraîné par les liens d'une sympathie parfaite , on les trouvera analogues aux nôtres. Elle semble être une émanation, une expansion de notre être. Quelques modifications différencient peut-être ces caractères, mais elles n'en détruisent pas l'analogie.

Ces sympathies parfaites sont très-rares : de même qu'on rencontre difficilement un visage semblable au sien, de même on trouve rarement un caractère, des goûts semblables à ceux qu'on possède.

J'ai parlé plus haut de cette espèce de tact physionomique dont tous les hommes sont doués. C'est ce tact qui, agissant presqu'à notre insu, décide des sympathies réciproques. Sans nous en rendre compte, nous sommes attirés vers celui dont le caractère est en harmonie avec le nôtre : on s'aime dans un second soi-même.

Mais heureusement ces rapports sympa-
thiques ne sont point absolument nécessaires
pour cimenter le bonheur entre deux êtres
d'un sexe différent, et les lier d'un amour
durable.

On voit souvent deux tendres époux s'aimer d'un amour vif et constant. Leurs ca
ractères cependant ne sont point les mêmes :
l'un, vif et passionné, ne prend pour guide
que ses sensations ; l'autre, plus grave et
plus réservé, n'écoute que la voix de la raison. Ou bien on voit un homme doué d'une
grande énergie, aimer et être aimé d'une
femme dont le caractère doux et flexible paraît être opposé au sien. De telles contradic-
tions ne sont qu'apparentes. Il existe réellement une grande convenance entre ces ca-

ractères, et même ils sont créés l'un pour l'autre.

Je vais développer les bases sur lesquelles j'établis mon opinion.

Je prendrai d'abord pour exemple un des principaux traits du caractère de l'homme : l'énergie.

Deux personnes douées d'une énergie égale, ne doivent point associer leur sort, lorsqu'il n'existe point dans leurs goûts et dans leurs caractères une parfaite analogie. De même qu'un Etat, pour être heureux, ne doit être gouverné que par un seul maître, de même l'un des époux, dans ce cas, doit guider l'autre et le dominer par l'ascendant de ses lumières et la force de son esprit. Mais si des deux côtés l'énergie

est égale et les goûts différens , la mésintelligence et la division viendront bientôt
troubler la paix du ménage. La raison, me
dira-t-on, pourra engager l'un des deux
époux à plier; mais où est l'être qui, avec le
sentiment de sa force, consentira à plier
sans cesse, et qui supportera le joug sans
se plaindre, et même sans concevoir à la
longue un sentiment d'éloignement pour
son tyran.

La force doit donc s'allier avec la faiblesse,
comme la prudence avec l'aimable vivacité.

Il ne faut pas croire cependant que la dif-
férence de caractère amène toujours le bonheur à sa suite. L'avare et la femme prodigue
finiront bientôt par se détester. L'un ne
pourra vaincre la passion qui le dévore; il

ne le tentera même pas, et il haïra celle dont le plus grand desir est de dissiper les trésors, fruits de son épargne sordide. L'autre finira par mépriser un homme dominé par une passion qui lui est odieuse et dont elle souffre la première.

Le lecteur a peut-être déjà saisi mon but. Il a vu que mon dessein était d'indiquer les caractères qui, par une alliance heureuse, peuvent se convenir réciproquement, quoique d'une nature différente, et de signaler ceux dont l'association deviendrait une source de trouble et de peines domestiques.

Je serai satisfaite si la lecture de ce petit ouvrage peut lui inspirer quelque réflexion utile sur les nœuds qu'il se propose peut-être de former, et lui faire apercevoir qu'on doit considérer, sous plus d'un point de vue, le caractère de la personne à laquelle on se propose de lier son sort.

N.ᵒˢ I et II.

Etes-vous gai et ami des plaisirs , n'épou-
sez point une femme d'un caractère mélancolique et qui ne trouve le bonheur que dans
la retraite.

Je ne conseillerais point à un homme
doué d'une physionomie semblable à celle
du n.º 1 , de lier son sort à celui de la
femme n.º 14 , et je suis convaincue que
la physionomie du n.º 13 est absolument
antipathique avec le caractère du n.º 2.

En effet , il n'existe presque aucun point
de contact entre ces caractères. Le couple
que nous avons sous les yeux se distingue
par un caractère vif et gai. Bannissant toute
réflexion importune , il ne se plaît qu'à créer
des images agréables. Il ne met point de
rafinement dans les sentimens de l'amour,
et je suis même tentée de croire qu'il y ap-

porte infiniment moins de délicatesse que le couple n.⁰ˢ 13 et 14. Cet amour sera aussi moins durable ; mais l'estime et l'amitié lui succéderont.

Je serais fort embarrassée s'il fallait déterminer d'une manière positive les facultés intellectuelles qu'annoncent ces deux physionomies : l'âge n'en a point encore assez prononcé les traits.

Cependant, j'accorderai plus d'énergie à la femme qu'au mari, et je pense que c'est elle qui tiendra le sceptre domestique. Si cela est, tout sera pour le mieux ; car si j'en juge d'après une multitude de physionomies du même genre que j'ai eu occasion d'observer, cette tête de femme annonce un jugement droit, quoique prompt, et elle sait allier un esprit réfléchi à une aimable vivacité.

Comme tout tableau a ses ombres, je lui

assignerai un caractère tant soit peu capricieux ; mais ceci ne nuira point à l'harmonie du ménage ; car le mari est, je crois,
d'un caractère flexible et complaisant.

On me demandera peut-être si la fidélité
pourra être mise au rang des vertus de ces
époux. Je n'oserais le promettre. J'ai dit
que leur amour serait peu durable ; que la
femme était capricieuse.... Et chez de tels
caractères, des impressions nouvelles ont un
grand empire.

Cependant ne nous hâtons point de juger.
Sous une apparence de frivolité, les femmes cachent souvent des vertus qu'on ne
leur soupçonnait point, et qu'elles ne se
connaissaient point elles-mêmes.

Quant à l'époux, je serais tentée de le
traiter un peu plus sévèrement.

Je considérerais comme très-mal assortie
l'union de cette jeune personne avec un

homme dont la physionomie serait analogue à celle qu'indique le n.º 5. Le caractère impérieux de ce personnage ne serait nullement en rapport avec celui de sa compagne. L'énergie de celle-ci se roidirait contre les volontés de son époux. D'ailleurs, modifiée par son caractère capricieux, cette énergie prendrait le caractère de l'indocilité.

N.ᵒˢ III et IV.

Un caractère tendre, de la noblesse dans les sentimens, de la force dans le caractère, de la prudence, une probité sévère, en un mot, toutes les vertus qui forment un homme accompli, se peignent d'une manière frappante sur l'une de ces physionomies.

L'autre annonce une femme plutôt tendre que passionnée, et en qui on remarque plus de douceur que d'énergie. Moins sentimentale que la femme n.º 14, elle l'est cependant plus que la précédente, et je ne lui reprocherai point, comme à celle-ci, un caractère un peu capricieux.

Si l'on me demande lequel de ces deux époux dominera l'autre, je répondrai que ce sera le mari; mais il emploiera avec modération la prééminence que lui donne ses lumières et la force de son caractère.

J'accorderai à la femme plus de vivacité dans l'esprit que dans les mouvemens extérieurs. Ceci semblera un paradoxe aux personnes qui connaissent les rapports intimes qui existent entre les caractères physiques et les caractères moraux. On s'imagine qu'une personne lente dans ses démarches et dans ses actions doit nécessairement apporter la même lenteur dans les fonctions de son esprit. Je conviens que l'expérience confirme ordinairement cette opinion ; mais il est des exceptions, et on en trouve particulièrement des exemples parmi les femmes d'une taille élevée et d'un tempérament bilieux-sanguin.

Il ne sera pas inutile de remarquer que ce tempérament bilieux-sanguin, dont la physionomie n.o 4 offre un exemple, est le plus propre à recevoir d'une manière durable les impressions de l'amour. Chez les flegmatiques, l'amour emprunte presque les traits de l'amitié et n'est qu'une passion froide et sans énergie. Ils raisonnent l'amour, et savent le bannir de leur cœur dès que la raison le leur conseille.

Chez le sanguin, l'amour est inconstant et léger. Volant de conquête en conquête, l'homme de ce tempérament oublie aujourd'hui ses sermens et la beauté qui la veille enchaînait son cœur, et demain il ne se souviendra plus de celle qui, quelques momens avant, avait cru fixer ses affections.

L'amour chez le bilieux est une passion profonde et violente. La jalousie, les noirs soupçons l'accompagnent. Est-il trompé? sa fureur éclate et la vengeance survit à sa passion.

L'amour du mélancolique porte l'empreinte de son caractère. Cet amour prend les sombres couleurs de son imagination;

l'enthousiasme et l'exaltation l'accompagnent.

Le tempérament bilieux - sanguin tient le milieu entre ces extrêmes. A toute la sensibilité du sanguin, il joint la constance du bilieux. Je n'hésite point à considérer ce tempérament comme le plus parfait dont l'homme puisse être doué ; mais il existe rarement sans un mélange de flegme qui le modifie et l'altère.

La considération des divers tempéra-mens est très-importante pour déterminer les convenances réciproques des caractères.

N.ᵒˢ V et VI.

Ce que j'ai dit au commencement de cet ouvrage, relativement aux rapports de convenance qui existent entre un caractère énergique et un caractère flexible, peut s'appliquer à ces figures. L'homme n.º 5 est d'un tempérament bilieux. Tous les caractères de sa physionomie annoncent une âme énergique, un esprit rempli de force. Si je voulais m'appuyer ici de l'autorité du célèbre Lavater, je le prouverais en citant son nez dont l'épine est extrêmement large, la forme de son front, la disposition des sourcils et surtout la saillie du menton. J'aime mieux engager mes lecteurs à comparer cette physionomie avec celle du n.º 23, et ils n'auront point de peine à reconnaître celle qui présente le caractère de la véritable énergie.

J'aurais pu associer à cette physionomie la tête d'une femme dont l'énergie eût été aussi grande et les goûts semblables ; mais il faut l'avouer, l'harmonie n'eût point régné entre ces deux êtres Je crois cet homme un peu impérieux, quoiqu'il ne soit rien moins qu'injuste et ne s'écarte jamais du sentier tracé par la raison.

Je ne lui associerai point le tempérament flegmatique, dont la lenteur et la froideur contrasteraient trop avec sa vivacité ; mais je lui choisirai pour épouse une femme d'un tempérament flegmatique-sanguin. Sa douceur influera sur le caractère de son époux, et lui donnera une teinte plus douce. Quoique vive, sa sensibilité sera passagère. Une grande susceptibilité, ou une sensibilité profonde, et dont les impressions sont durables, conviendrait peu à l'épouse de l'homme dont nous venons de parler.

Jamais une telle femme ne prétendra dominer son époux, et celui-ci pourra facilement modifier, diriger même les goûts de sa compagne.

Si à son génie cet homme eût joint un caractère injuste, capricieux, ou méchant, je l'aurais banni de ce recueil; car je suis convaincue qu'un tel caractère serait absolument incompatible avec tout autre.

L'alliance de ce personnage avec une femme coquette eût été fatale pour tous les deux.

La jalousie a le plus grand empire sur les hommes doués d'un tempérament bilieux, et on ne peut sans frémir envisager les extrémités vers lesquelles cette passion violente peut quelquefois les entraîner.

Il est remarquable que la vengeance de l'homme d'un tempérament bilieux outragé dans son amour et dans son honneur, tombe ordinairement sur les coupables , tandis que le mélancolique se punit lui-même de n'avoir pas su conserver le cœur de sa compagne : il passe le reste de ses jours dans la douleur, ou renouvelle le funeste exemple de Verther.

J'engage cependant mes lecteurs à ne point trop généraliser cette assertion sujette à une multitude d'exceptions.

Nº 7.

N.ᵒˢ VII et VIII.

J'aurais bien desiré n'admettre dans ce recueil que des physionomies qui annonçassent un caractère, un esprit parfait ; mais je me serais malheureusement trop écartée de la vérité. Le caractère le plus aimable est toujours obscurci par des taches plus ou moins légères.

Dois-je appeler une tache légère celle qui dépare le caractère de la physionomie n.º 8 ? Je n'ose me constituer son juge. Cependant je dirai que sa coquetterie minaudière est à peine rachetée par plusieurs bonnes qualités. Elle est sensible et foncièrement bonne, et cette coquetterie est plutôt le défaut de son esprit que celui de son cœur ; mais je n'oserais promettre qu'elle s'en corrigeât. Beaucoup de femmes ont, relativement à la coquetterie, des principes fort différens de ceux des hommes, et celle-ci est malheureusement de ce nombre.

Faisons ici une distinction importante. Il est deux sortes de coquetterie : la coquetterie générale porte une femme à plaire à tous les hommes indistinctement. Elle cherche également à faire paraître avec éclat les agrémens de sa personne et de son esprit aux yeux de l'homme le plus remarquable par ses perfections, et à ceux de l'homme dont l'hommage aurait le moins de prix pour une autre femme. Elle n'a d'autre but que de chercher à satisfaire le besoin de plaire, besoin existant chez toutes les femmes et n'ayant rien de blâmable en lui-même; mais qui chez celle-ci est porté à l'excès.

Plus dangereuse et plus perfide, la coquetterie particulière n'emploie que sur un petit nombre d'individus, le pouvoir des charmes de la beauté; mais elle sait les

enchaîner avec art : un sourire, un regard
placé à propos, sont des armes puissantes
pour elle. Tour-à-tour elle les emploie sur
ses esclaves, et leur puissance fait rentrer
dans les fers ceux qui croyaient avoir se-
coué un joug qu'ils aiment et abhorrent à
la fois.

Les chaînes de la première espèce de coquette sont des fils légers qu'il est facile de
rompre ; ceux de la seconde sont des fers
qu'on ne peut briser qu'avec peine.

Je n'absoudrai point notre physionomie
de cette seconde espèce de coquetterie. Cependant son but n'est point de faire des
malheureux. Elle veut plaire, et choisit
ceux sur lesquels elle desire faire impression.

Je dirai fort peu de chose de la physionomie placée en regard. C'est un homme
comme on en voit beaucoup : peu de sensibilité, de la légèreté et de l'inconstance.

Je me serais fait un scrupule d'allier à une femme coquette un homme dont le cœur tendre et délicat , et la sensibilité profonde eussent rempli la vie d'amertume.

Je crois devoir encore le répéter, il n'existera jamais aucun rapport de convenance entre un tel homme et une coquette. La mésintelligence irait toujours croissant entre eux , et la femme ne verrait bientôt plus qu'un tyran soupçonneux et jaloux , dans l'époux dont elle eût pu captiver toute la tendresse. Ne développons point le tableau affligeant des calamités qui accompagnent une telle union ; il ne se présente hélas ! que trop souvent à nos yeux.

N.ᵒˢ IX et X.

Je ne conseillerai point à un homme très-vif d'épouser une femme d'un caractère très-froid : leurs âmes parleraient un langage différent, et ne s'entendraient pas.

J'aimerais bien mieux associer deux physionomies comme celles des n.ᵒˢ 9 et 10 : toutes deux annoncent la réserve, la froideur extrême et la prudence ; toutes deux promettent un caractère éconôme et probe. La femme ne sera point coquette, et le mari se contentera de plaire à sa femme.

De telles unions sont ordinairement heureuses ; rien n'en trouble la froide harmonie.

Je pense que les tempéramens de ces physionomies sont d'une nature analogue. Toutes deux offrent le mélange du tempérament bilieux et du tempérament flegmatique.

Un physionomiste plus sévère que moi reprocherait à la femme un caractère dédaigneux et un peu d'égoïsme et d'avarice. Quant à moi je me contenterai de déclarer que je lui refuse les vertus contraires.

Aucun de ces deux époux ne dominera l'autre : tous deux ont dans une proportion égale , *fermeté* et *raison*.

N.ᵒˢ XI et XII.

Il y a beaucoup d'affinité entre ces deux physionomies. Ne cherchez pas ni sur l'une, ni sur l'autre, la délicatesse des sentimens et la sensibilité qui caractérisent les physionomies suivantes. Celles-ci plus vulgaires vous offriront, au lieu de ces qualités, de la bonhomie.

L'homme aime la bonne chère ; il est gai et jovial : c'est ce que l'on peut appeler un bon-homme. La femme, excellente ménagère, est un peu criarde, mais néanmoins compatissante et franche.

Je plaindrais le sort d'un homme tendre, et dont les sentimens d'une extrême délicatesse approcheraient de l'exaltation, s'il était uni à une femme d'un caractère analogue à celle du n.º 12 Leurs âmes ne s'entendraient nullement, et l'amour ne pourrait exister long-tems entre eux.

La physionomie de femme que nous avons sous les yeux, et celle indiquée par le n.º 13, pourraient nous fournir l'exemple d'une telle association ; mais je suis fondée à croire que l'homme conserverait plus long-tems que la femme les sentimens de tendresse qu'il aurait d'abord éprouvés pour elle, parce que sa vive imagination prêterait à l'objet de son amour un caractère qu'elle n'a pas. A la longue, il sera désabusé ; mais l'amour aura déjà fui depuis long-tems du cœur de sa femme. Elle n'aura point vu au travers du prisme de l'imagination le caractère de son époux. Son langage hors de la portée de son esprit lui paraîtra fade ; ses sentimens si délicats lui sembleront exagérés ; contrainte et gênée avec lui, elle évitera ces épanchemens du cœur si doux pour des amans, et elle fuira même sa présence.

Si l'on unissait les physionomies 11 et 14, l'antipathie encore plus grande se prononcerait plus vite. Je doute d'ailleurs que l'amour puisse jamais réunir deux personnes d'un caractère si différent, et dont les manières ont si peu de rapport.

Je dois avouer ici que les personnes de mon sexe attachent ordinairement plus de prix aux manières extérieures et à certains agrémens de l'esprit, qu'aux qualités du cœur.

C'est un défaut qu'on ne peut leur reprocher avec amertume : il tient à la nature de l'éducation que reçoivent les femmes, et je ne crains pas de répéter que *les femmes sont ce que les hommes les font.*

N.ᵒˢ XIII et XIV.

Une imagination vive et brillante, un caractère plutôt tendre que passionné, une énergie tempérée par la douceur, une sensibilité profonde, voilà ce que je lis sur la physionomie du n.º 13.

Celle du n.º 14 offre à-peu-près les mêmes caractères; mais son imagination est moins active. Son être semble créé pour l'amour : aimer, voilà le but vers lequel se portent toutes les forces de son âme ; être aimée, voilà celui de ses desirs. Ses yeux baissés expriment le recueillement de l'amour.

Trompée dans ses affections, une femme douée d'un tel caractère ne trouverait de consolation que dans le calme de la solitude. La religion deviendrait son appui, et le sein d'un cloître l'asile de son choix.

Le tempérament bilieux-sanguin prédomine chez l'homme ; celui de la femme offre, je crois, un mélange plus compliqué, mais le bilieux-sanguin y domine aussi.

Je ne crois pas que deux caractères puissent avoir plus d'affinité ensemble que ceux que nous avons sous les yeux. Une vive tendresse réunira les cœurs de ces deux êtres créés l'un pour l'autre, et leurs âmes s'entendront parfaitement.

Tous deux seront également constants et fidèles ; tous deux dirigés par les mêmes goûts préféreront l'aspect de la belle nature, une retraite paisible, les douceurs de l'amitié, au fracas et au plaisir des villes.

La femme ne cherchera point à gouverner son époux, et celui-ci n'usurpera point sur sa compagne une autorité tyrannique.

Modeste, attachée à ses devoirs, sûre du cœur de son mari, la femme n'aura point recours à la coquetterie, à ce moyen dangereux par lequel une femme imprudente espère ranimer, dans le cœur de son époux ou de son amant, la flamme languissante d'un amour prêt à s'éteindre ; et jamais l'époux n'inspirera des allarmes à sa compagne, en prodiguant à une autre des soins qui ne sont dûs qu'à elle seule.

L'association de cet époux délicat et constant avec une coquette, formerait une alliance funeste. L'imagination active du premier lui peindrait sous de noires couleurs les moindres démarches de sa compagne. Sa délicatesse serait continuellement blessée et son amour offensé par les faveurs légères qu'elle accorderait à un autre qu'à son époux. Ses plaintes, ses soupçons, sa jalousie hâteraient encore le moment où, renonçant à ses sermens, l'épouse inconstante bannirait entièrement de son cœur celui qui s'était flatté un moment de l'occuper tout entier.

Je suis persuadée qu'une imagination vive jointe à une sensibilité profonde, est un don funeste de la nature.

Pour les êtres qui ont ces qualités en partage , les moindres contrariétés donnent naissance à des peines qu'ils ressentent vivement.

Il est vrai aussi qu'ils en sont souvent dédommagés par la facilité avec laquelle ils conçoivent le bonheur.

Ils embellissent des plus brillantes couleurs le tableau de l'avenir. La vie n'est alors pour eux qu'un chemin semé de fleurs, et ils le parcourent avec gaîté. Mais si un obstacle se présente , le tableau change à l'instant : l'horison se rembrunit , tous les objets se couvrent d'un sombre voile , et le découragement s'empare d'eux.

Je vais citer un exemple assez remarquable de ce penchant qui porte les hommes doués d'un tel caractère à prêter des charmes aux objets dont ils sont éloignés.

Un jeune homme aimait une demoiselle jeune et belle, mais dont le caractère analogue à celui de la femme désignée par le n.^{c} 12, offrait peu de sympathie avec le sien. Loin d'elle, l'amour l'occupait en entier, et il soupirait sans cesse après le moment qui devait le réunir à son amante. Ce moment arrivé, il volait auprès d'elle ; il croyait y trouver le bonheur ; mais la présence de l'objet aimé dissipait son enchantement. Il le voyait avec des yeux plus calmes ; il lui remarquait même des défauts, et sa tendresse paraissait diminuée, ou du moins elle semblait avoir perdu une partie de son activité. Mais s'éloignait-il de son amante, l'imagination reprenait le dessus, et le tableau de son amour, recouvrait ses couleurs séduisantes. Il croyait aimer : aimait-il en effet ?

Un caractère tel que celui que nous venons de décrire, est particulièrement propre à ressentir vivement les sentimens de l'amitié : mais son imagination y prendra moins de part qu'à l'amour, et l'éloignement augmentera rarement à ses yeux le mérite d'un ami.

N.ᵒˢ XV et XVI.

Je ne lis point sur ces deux physionomies des caractères aussi estimables que sur
les précédentes. La femme joint à la hauteur et à l'arrogance un caractère exigeant
et impérieux. Je la crois coquette ; elle
exige de l'amour, mais elle le paie rarement de retour. Elle a d'ailleurs de l'énergie et de l'activité.

Je pense que la force des sympathies diminue en raison directe de l'imperfection du
caractère, et surtout des défauts du cœur,
et j'avoue qu'il serait difficile de trouver
quelque caractère qui fût sympathique avec
celui-ci.

Cependant, par un reste de bienveillance
pour une personne de mon sexe, et afin
de ne point la condamner à un triste célibat, je lui associerai la tête n.º 15.

Je n'ai rien de bon à dire de cette physionomie ; elle annonce un intrigant , un
homme dénué de moralité , et peut-être sa
femme vaudra-t-elle mieux que lui. Quoiqu'il en soit, je ne me répens point de les
avoir unis ensemble. Ils eussent causé plus
de trouble et fait plus de mal , s'ils avaient
été, chacun de son côté , unis à des personnes estimables.

N.os XVII et XVIII.

De la franchise, de l'ingénuité, une naï-
veté touchante, beaucoup d'imprévoyance,
constituent le caractère de la jeune personne indiquée par le n.º 18.

Ce caractère a besoin d'un guide ; la physionomie n.º 17 le lui offre. L'énergie et la
prudence manquent à la femme; l'homme
réunit ces qualités au plus haut degré. Ce
n'est point là un de ces époux impérieux
et exigeans dont l'ascendant se transforme
en tyrannie : c'est un homme à-la-fois sage
et aimable.

Malheureusement il sera souvent obligé
de donner quelques leçons à sa femme ; et
l'on sait qu'un époux qui prend le rôle de
Mentor, quitte bientôt celui d'amant. Mais
comme un homme d'esprit, prudent et sage,
sait donner à ses leçons un tour aimable et

ingénieux qui , loin de blesser l'amour-pro-
pre , excite plutôt.la reconnaissance de celle
qui les reçoit , je suis assez portée à croire
que la paix du ménage ne sera point trou-
blée de ce côté.

Quoique fort différentes , les qualités de
ces deux personnes ne sont pas antipathi-
ques. Je remarque même une compensa-
tion parfaite entre elles.

J'aperçois un calme réfléchi opposé à la
vivacité , une douce énergie à la faiblesse ,
la prudence à l'imprévoyance.

Du reste , les autres qualités de ces deux
époux sont dans une harmonie parfaite ; tous
deux ont une égale délicatesse dans les sentimens , un caractère généreux et une âme
bienfaisante.

Il est à remarquer que si les qualités dont
nous venons de parler existaient entre les
époux , sans les qualités qui appartiennent

au cœur, elles suffiraient pour déterminer une antipathie prononcée entre les deux époux. L'amour pourrait d'abord fasciner les yeux de l'un d'eux, et lui faire trouver dans l'autre des qualités qu'il ne possède réellement pas ; mais son charme ne tarderait pas à se dissiper.

Ce principe est si important que je le répéterai encore :

L'opposition peut exister entre certaines qualités de l'esprit de deux époux, sans nuire à leur bonheur mutuel et à leur union ; mais elle ne peut avoir lieu entre les qualités du cœur, sans troubler l'harmonie, amener l'indifférence et même la haine.

A propos d'opposition, en voici une qui présente un but d'utilité. Si j'étais médecin, je conseillerais aux hommes de lettres, par intérêt pour leur santé, de prendre

une femme vive et tant soit peu méchante.
C'est au repos dans lequel ils vivent et à
leur application continuelle, qu'on peut at-
tribuer les maladies bilieuses auxquelles ils
sont très-sujets. Or, une femme de ce caractère ne manquera pas d'émouvoir de
tems en tems la bile de son époux, et par
là préviendra les funestes effets qui peuvent
résulter de sa stagnation. Le service qu'elle
lui rendra compensera amplement les pe-
tits défauts de son caractère.

Je dispenserai cependant de l'observation
de cette recette quelques rédacteurs de jour-
naux, certains auteurs dramatiques, et tous
ceux qui s'occupent de discussions polé-
miques.

Nᵒˢ XIX et XX.

Si aux caractères moraux des physionomies indiquées par les n.ᵒˢ 13 et 14 , on
ajoute une nuance de frivolité et de légèreté , en diminuant la dose de sensibilité et
d'imagination du côté de l'homme , on aura
les caractères des n.ᵒˢ 19 et 20.

Ces deux physionomies se conviennent
fort bien. Elles annoncent d'ailleurs des
personnes estimables.

Malgré toute la langueur peinte dans les
yeux de cette jeune personne , sa physionomie annonce plus de légèreté et de frivolité que celle du n.ᵒ 14 , et je doute
qu'elle s'isolât dans la retraite pour pleurer
le reste de ses jours la perte d'un époux
ou d'un amant. Je pourrais cependant me
tromper.

J'imagine que l'homme se consolerait encore avec plus de facilité.

Je le crois un peu entêté ; mais sa femme ne manquera pas d'adresse pour le faire revenir de sa première résolution et l'obliger à faire sa volonté sans qu'il s'en doute. Un tel triomphe est le chef-d'œuvre d'une femme.

N.ºs XXI et XXII.

Cette jeune personne a un peu de ma-
lice ; l'homme de son côté est très-fin. Je
ne crois cependant pas qu'on puisse leur
appliquer le proverbe ; car ils vivront pro-
bablement en bonne intelligence.

Ni l'une ni l'autre de ces figures n'annoncent un caractère sentimental.

La raison, la froideur et la prudence du
mari lui donneront un grand avantage sur
sa compagne ; il dirigera ses goûts avec ha-
bileté, et parviendra, sans qu'elle s'en doute, à la faire marcher dans le sentier de la
raison. Elle est cependant légèrement capricieuse et tant soit peu coquette.

Si j'avais associé un homme d'un caractère moins fin et moins adroit à cette jeune
personne, je n'aurais point consolidé leur

bonheur réciproque , et la dissension eût régné entre eux.

Je crois indifférent pour le bonheur domestique que ce soit le mari qui gouverne la femme, ou la femme qui gouverne le mari. Je conviendrai cependant que le premier cas est infiniment préférable , puisqu'il est plus conforme aux vues de la Nature , qui a donné la force, l'énergie et l'activité à l'homme , tandis que la femme a reçu en partage la docilité et la douceur. Mais il est naturel de penser que lorsque la Nature a réparti ces dons en sens inverse, la femme doit acquérir l'influence à laquelle ses qualités lui donnent le droit de prétendre.

64

N.ᵒˢ XXIII et XXIV.

Voici justement un de ces cas où l'on peut appliquer ce que j'ai dit à la fin de l'article précédent.

Examinons avec quelque attention cette tête d'homme dont les caractères sont très-saillans. En vain vous y chercherez les indices de l'énergie ; vous n'y trouverez que ceux de l'opiniàtreté la plus prononcée : c'est la physionomie d'un être dont l'esprit étroit est borné. Il n'est point méchant, mais il est capricieux.

Je n'associerai point à cet homme une femme d'un caractère doux et flexible (n.ᵒˢ 6 ou 32) ; l'humeur de son époux la rendrait peu heureuse.

Si je l'unissais à une femme d'un caractère tendre et sentimental (n.º 14), le contraste serait encore plus grand.

ut
le

te
s-
n-
ue
est
oit
est

ne
t.os
en-

ac-
on-

N.º 24.

Celle d'un esprit vulgaire (n.° 12) ne join-
drait point à la finesse les ménagemens nécessaires avec un caractère aussi opiniâtre. Je préfère lui associer une femme d'un esprit sage,
raisonnable, douée de beaucoup de finesse
et de fermeté. Telle est la physionomie
indiquée par le n.° 24.

Je conviens qu'il existe plus de convenance que de sympathie entre ces deux êtres,
et même la femme conviendra mieux au mari que le mari à la femme. Mais le besoin
qu'ont les hommes de cette espèce d'être
dirigés par une main habile, m'a engagé à
passer sur quelques considérations qui toutes
étaient en faveur de la femme.

Le pli une fois pris par l'époux, la paix
régnera dans le ménage, quoique je doute
que l'amour y puisse jamais présider.

N.ᵒˢ XXV et XXVI.

Voici encore une de ces physionomies entre lesquelles règne une sympathie étroite.

Cette physionomie d'homme eût pu à la vérité convenir aux époux de plusieurs femmes de ce recueil, et particulièrement à celle du n.ᵒ 4 ; par la même raison que cette jeune personne eût peut-être été heureuse si elle eût choisi un époux parmi les hommes des n.ᵒˢ 3, 17, ou 31. Mais il n'en est pas moins vrai que le couple que nous avons sous les yeux, est parfaitement assorti.

De l'énergie, de la bonté, de la raison d'une part ; de la douceur, de la docilité de l'autre : voilà des qualités parfaitement en rapport. Des deux côtés j'entrevois toutes les vertus qui appartiennent au cœur, et j'oserais presque répondre de la fidélité et de la constance de la femme.

J'ajouterai un trait au caractère de l'homme : la vivacité. Cette vivacité pourra le faire sortir quelquefois des bornes de la modération ; mais la douceur de sa compagne le ramènera promptement à des sentimens plus doux.

Opposer le calme de la modération aux emportemens de la vivacité est le moyen qu'emploie le sage.

J'ai connu deux époux doués d'une grande vivacité et sujets aux emportemens de la colère. Pendant de longues années qu'ils vécurent ensemble, jamais ils ne se laissèrent emporter en même tems par leur vivacité. Quand l'un se livrait à un accès de colère, l'autre gardait le silence , ne lui opposait que le calme de la raison , et la paix se rétablissait promptement. Ces deux époux durent à cette sage conduite l'union qui régna entre eux.

N.ᵒˢ XXVII et XXVIII.

J'offre encore à mes lecteurs une de ces associations de caractères où il règne moins de sympathie que de convenance.

Je crois rendre un grand service à l'homme brusque, dur et peu aimable, en lui indiquant la femme qui le rendra aussi heureux qu'il est susceptible de l'être.

Je le dispense volontiers de la reconnaissance. Quel est l'homme qui, dans cette circonstance, conviendra qu'il m'en doit un peu.

Je ne consentirais point à associer à cette physionomie bourrue une femme extrêmement jeune. Quelle que fût son adresse, son mari voudrait la dominer.

Je préfère lui choisir une épouse moins jeune, mais spirituelle et adroite. Elle saura le diriger sans jamais paraître s'opposer à

ses volontés , et en ne paraissant faire que ce qui plaît à son époux.

.On me reprochera d'user de trop d'indulgence en faveur de cet homme ; je vais me justifier. Il ne faut pas le juger entièrement sur les premières apparences : à travers l'écorce grossière qui enveloppe son âme , je démêle des qualités estimables. Il est franc, loyal et généreux. L'épouse que je lui ai choisi possède un tact assez fin pour reconnaître ces qualités , et assez de bon sens pour les apprécier à leur juste valeur ; et désabusée des illusions de la jeunesse, elle pourra encore trouver le bonheur.

70

N.os XXIX et XXX.

Je présume que mes lecteurs connaiss*ent* déjà le tempérament flegmatique et les caractères qui l'indiquent. Ils savent qu'un teint blanc, des formes arrondies, des traits peu anguleux et peu tendus, des yeux bleus, des cheveux presque toujours blonds, l'annoncent d'une manière non équivoque.

Le couple n.os 29 et 30 en présente un exemple très-remarquable.

On cessera d'être étonné du costume de la jeune femme, quand on saura que la Hollande est sa patrie.

J'aurais en vain cherché une femme flegmatique parmi les françaises vives et légères. L'Espagne et l'Italie ne m'eussent fourni que des femmes d'une constitution où le tempérament sanguin-nerveux domine. L'Allemagne n'offre que des tempéramens fleg-

matiques plus ou moins mélangés avec le bilieux ou le mélancolique. L'Angleterre présente un mélange analogue. La Hollande seule nous offrait le tempérament flegmatique sans mélange.

Le front arrondi de cette jeune personne , la forme de son nez présentent les caractères de l'enfance et dénotent un peu d'opiniâtreté ; défaut que je reprocherai aux femmes hollandaises. Mais elles le rachètent par une multitude de bonnes qualités , parmi lesquelles l'ordre et l'économie tiennent le premier rang.

Il serait impossible de trouver une alliance plus naturelle et plus heureuse que celle de deux personnes douées du tempérament flegmatique.

Le personnage du n.º 29 n'est point de la première jeunesse ; mais je l'ai choisi tel qu'il convient à la femme que je lui ai destiné , et tel qu'elle le choisirait peut-être elle-même. C'est faire un bel éloge de sa raison , et je ne sais si j'en pourrais dire autant d'aucune des femmes mises dans ce recueil.

La froide imagination de toutes les personnes douées d'une telle physionomie n'a aucun empire sur leurs sens , et il existe le plus parfait contraste entre elles et les caractères indiqués par les n.ºs 13 et 14. Elles voient les choses telles qu'elles sont et sans enthousiasme.

On observera fréquemment chez les flegmatiques plus de cordialité que de politesse , plus de franchise que d'amabilité , et plus d'opiniâtreté que de véritable énergie.

Ils sont constans en amour ; mais ils le sont plutôt par habitude que par tout autre motif. Cette paresse d'esprit qu'on remarque en eux , et qui les porte à redouter les soins

qu'exigerait une nouvelle conquête, y con-
tribue beaucoup.

J'ai déjà dit plus haut que l'amour chez
les flegmatiques n'avait presque que le caractère de l'amitié.

Une personne de ce tempérament est susceptible d'éprouver ce dernier sentiment
d'une manière solide et durable ; mais elle
ne se laisse point entraîner par un premier
mouvement, et elle n'accorde son amitié
qu'avec une prudente circonspection.

N.ºs XXXI et XXXII.

J'ai fort peu de choses à dire de ces deux physionomies, parce qu'elles se rapportent à plusieurs des précédentes.

La femme a infiniment de douceur, de docilité et de réserve ; le mari a beaucoup d'énergie, de prudence et de circonspection : tous deux sont à l'abri des peines amères que cause une trop grande sensibilité, jointe à une imagination ardente.

Le trait qui caractérise le mieux la physionomie de l'homme est le nez, dont l'extrémité se rabaisse sur la bouche. Examinez les visages que vous rencontrerez, vous ne verrez jamais ce trait appartenir à la physionomie d'un homme peu réfléchi ; et jamais il ne caractérisera un nez dont le profil est concave. Mais la physionomie des

N.º 31.

femmes et surtout celles des enfans offriront ordinairement l'assemblage de ces deux caractères.

Si vous remarquez une physionomie de femme, dont le nez rabaissé à son extrémité offre dans son profil une saillie, au lieu d'une concavité, et constitue ce qu'on appelle vulgairement un nez aquilin, soyez sûr, dis-je, que cette femme a en partage quelques unes des qualités morales qui appartiennent ordinairement à l'homme (1).

Un nez aquilin est ordinairement accompagné d'un menton saillant : ce trait con-

____

(1) Voyez le portrait de madame *Dacier*, si célèbre par un genre de connaissances littéraires, qui paraît être réservé exclusivement aux hommes; et ceux d'*Élisabeth* d'Angleterre; de *Catherine II*, princesses qui, par leur énergie et la grandeur de leur génie, égalèrent les monarques qui les avaient précédées.

court aussi à l'expression de l'énergie. On le remarque plus rarement parmi les femmes que parmi les hommes, et plus rarement encore chez les enfans. Le développement du menton et du nez annoncent chez l'enfant celui de son esprit et de son énergie.

Je regarde comme impossible qu'un homme, dont la physionomie présente ces indices de l'énergie (voyez planche 5), soit gouverné par sa femme ; et par la même raison je suis persuadée qu'une femme pourvue des mêmes traits ne laissera prendre à son époux que très-peu d'ascendant sur elle ; et, si cet époux n'a pas en partage la force de l'esprit, elle le gouvernera.

FIN.

TABLE ALPHABÉTIQUE

DES MATIÈRES.

FIN DE LA TABLE.

On trouve chez le même libraire,
à des prix extrêmement doux, un
assortiment considérable des meil-
leurs livres de *Piété*, *d'Éducation*,
de *Littérature*, *d'Histoire*, de
Voyages, etc., etc.